Cici
a gata sem-teto

ISAURA KAUFMAN
Ilustrações : Rafael Sanches

A história de Cici, a gata que de repente ficou sem onde morar, embora logo uma alma caridosa a tenha adotado e amado, é a mesma de vários outros animais, uma história que acontece quase todos os dias...

Há donos que abandonam seus animais...
Que coisa triste!
Quem faz isso esquece que os animais são nossos irmãos, porque Deus é o Pai de todos os seres vivos. Mas, como o amor é virtude que mora em muitos corações, não são todos os animais domésticos que são abandonados. Ainda bem. Graças a Deus!

Quem prestar atenção ao que aconteceu com Cici vai ter de enxugar lágrimas diante do abandono dela, porém, em seguida, ficará feliz por saber que existem muitos corações generosos.

Eu já tive e tenho muitos animais em casa, por isso chorei quando Cici ficou sozinha, mas logo sorri e me alegrei com a felicidade dela...

Eurípedes Kühl, *escritor espírita e autor do livro:* Animais, Nossos Irmãos, *que há vinte anos vem tendo várias reedições.*

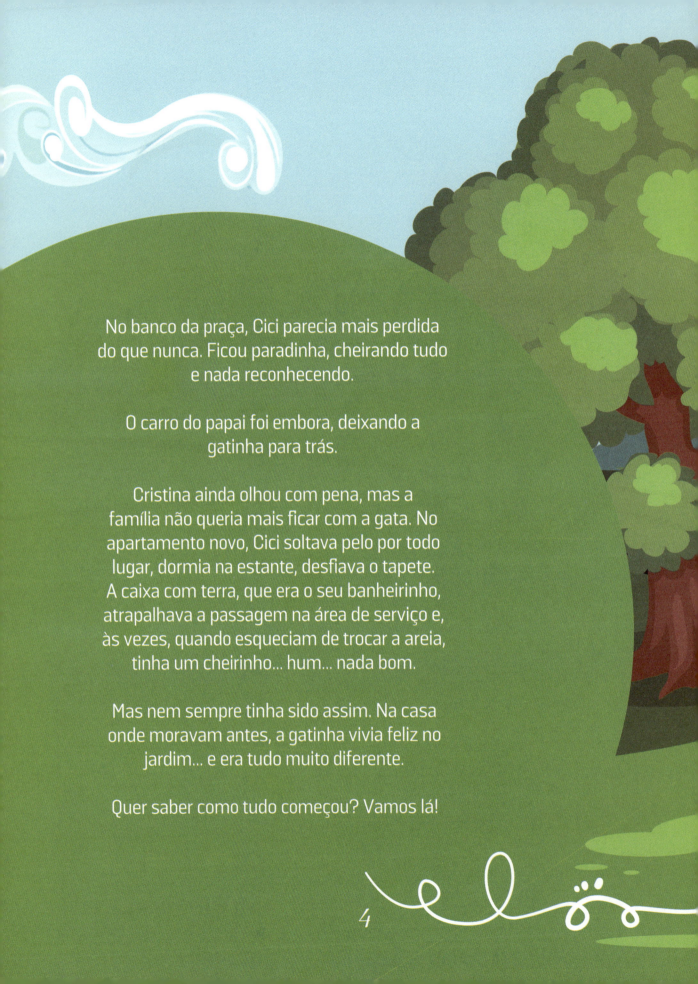

No banco da praça, Cici parecia mais perdida do que nunca. Ficou paradinha, cheirando tudo e nada reconhecendo.

O carro do papai foi embora, deixando a gatinha para trás.

Cristina ainda olhou com pena, mas a família não queria mais ficar com a gata. No apartamento novo, Cici soltava pelo por todo lugar, dormia na estante, desfiava o tapete. A caixa com terra, que era o seu banheirinho, atrapalhava a passagem na área de serviço e, às vezes, quando esqueciam de trocar a areia, tinha um cheirinho... hum... nada bom.

Mas nem sempre tinha sido assim. Na casa onde moravam antes, a gatinha vivia feliz no jardim... e era tudo muito diferente.

Quer saber como tudo começou? Vamos lá!

A pequena gata de três cores tinha acabado de chegar a casa e já era o xodó da família da menina Cristina.

E até parece que ela sabia disso! Miava bem de mansinho, dava pega no que achasse no chão. Sem ninguém sequer ensinar, fez da terra do jardim da casa o seu banheirinho.

E as poses que fazia? Cristina tratou logo de arrumar nomes para os jeitinhos em que Cici ficava.

Ah! Uma coisa importante: o nome Cici foi escolhido por Cristina.

Cici fazia muitas gracinhas e, para agradar a dona, rolava pelo chão. Ora ficava de barriguinha, ora fazia uma rosquinha com o corpo, ora fazia tunelzinho.

Você pode imaginar as poses e os jeitos que Cici fazia?

O tunelzinho era assim: quando Cici encontrava um pano no chão, entrava embaixo e ia abrindo um caminho que parecia um túnel. Aí, ela ficava escondidinha no fim do túnel, às vezes miando bem baixinho, e chegava até a dormir. E quando aparecia visita na casa e cismava de esticar o pano no chão? Já viu, não é?
— Miaaauuuu!

Cada susto que Cici levava!
Cá entre nós, bem que Cici tentava fazer tunelzinho no cobertor, mas a mamãe não deixava mesmo ela subir na cama. E a mamãe falava assim:

— Lugar de gata é no jardim!
E você sabe que a Cici obedecia? Ia saindo de fininho, mas antes fazia uma pose de barriguinha muito fofa para a mamãe.

Cici foi crescendo, e ficou uma gata bonita e carinhosa.

Cristina também cresceu; já tinha até namoradinho. Aliás, pensava e pensava no namorado; nem ligava mais para a sua gata. Ligava sim era para o celular!

O papai às vezes dizia que Cici já fazia parte das pedras do jardim da casa. Esquisito ele dizer isso, não é? Eu explico: é que Cici já não era nova, e então ela foi ficando mais paradinha: comia, dormia e dormia nos cantos do jardim. Também... ninguém brincava mais com ela!

Não foi só isso que mudou. Aconteceu outra coisa. Uma coisa que não foi boa, não. Você pode até pensar que a casa pegou fogo. Não! Nada disso!

Aconteceu que a vovó da Cristina, que morava sozinha, ficou doente e não queria, de jeito nenhum, sair da sua casa muito linda, onde ela vivia do jeitinho de que tanto gostava.

A família então resolveu vender a casa grande e morar perto da casa da vovó, que estava precisando de carinho e cuidados especiais.

A família de Cristina procurou e procurou uma casa na rua em que a vovó morava. O tempo foi passando, e a vovó, precisando da presença da família. Até que o pai de Cristina resolveu comprar mesmo um apartamento. Xiiiii! Você nem sabe: na mudança, quase esqueceram Cici no jardim da casa.

Bem... Agora você já entendeu! O apartamento não tinha jardim. Foi então que a família de Cristina resolveu abandonar Cici na praça, porque não queriam a gata dentro do apartamento.

Ah! Coitada da Cici! Abandonada, ficou por ali mesmo, sem teto para morar e sem mais nada.

Imagine como a Cici estranhou aquele lugar, acostumada que estava em uma casa desde pequenininha! Na praça, não encontrava nem um pano para fazer tunelzinho.

Ela era uma gata do lar. O barulhão e a velocidade dos carros na rua a assustavam. E a criançada toda gritando e correndo? Um menino já grandinho até tentou puxar o rabo de Cici, mas ela logo mostrou as unhas para se defender.

Com o tempo, acabou descobrindo um lugar no jardim da praça onde podia dormir sossegada.

Uma ou outra criança às vezes lhe dava alguma coisa para comer e beber. Cici se lambia sempre, mas acabou ficando um pouco sujinha. Também emagreceu, e a sua carinha afinou muito, embora ainda continuasse linda.

Antes que você fique triste, saiba que aconteceu outra coisa. Mas, desta vez, foi uma coisa muito boa.

Um dia, Cici estava toda esticada tomando sol, quando chegou uma senhora bem perto dela. Cici fugiu rapidinho. Nunca se sabe, afinal, era uma estranha... Mas a senhora fez "psissississi", aquele barulhinho de chamar gato, e Cici foi se aproximando bem devagar... Chegou, chegou, e acabou no colo daquela senhora. Ah, que coisa boa esse carinho! Há quanto tempo ela não ficava em um colo!

A senhora olhou bem para ela, olhou de novo e disse sorrindo:

Hum... Mas que carinha mais magrinha. Parece até um sino.
Daí o novo nome que a gata recebeu: Sininho.

Veja só! E não é que ela ganhou um nome bonito?

Isso mesmo! A senhora gostou muito de Cici, quer dizer, de Sininho, e a levou para casa. Para casa, não! Para o apartamento onde morava.

Aí você pode desconfiar e perguntar: Apartamento? Hum... Não estou gostando... Será que deu certo a gata em um apartamento? Sabe que deu certo? Sim, porque, antes de levar Sininho para lá, a senhora a levou para dentro do seu coração. E, assim, gostando tanto da gata, ela deu um jeito de acomodá-la.

A gatinha voltou a fazer poses e, quando miava bem baixinho dentro do túnel, sua nova dona e seus dois netinhos achavam muito engraçado.

Assim, tudo acabou bem.
Não se espante, mas a história ainda não terminou...

Depois de alguns dias, apareceu na praça uma jovem olhando tudo com atenção e procurando alguma coisa. Fazia sempre aquele barulhinho de chamar gato: "psissississi".

Será que você imagina quem era?
Isso mesmo! Era Cristina! Estava arrependida por ter abandonado a sua gatinha.

Ela mostrou a foto da gata para algumas crianças, mas nenhuma delas se lembrava. Quando já estava indo embora, com uma carinha muito triste, resolveu perguntar ao pipoqueiro se tinha visto a Cici.

O pipoqueiro, que nem prestava muita atenção em nada, embora passasse os olhos por muita coisa, ao ver a foto, lembrou-se de Cici e contou que uma senhora tinha levado aquela gata embora.

Cristina ficou triste e feliz ao mesmo tempo. Mais feliz do que triste. Afinal, uma gatinha que mostrava a barriguinha e fazia tunelzinho tinha mesmo que ser e fazer outra pessoa feliz.

VAMOS PENSAR UM POUCO SOBRE ESTA HISTÓRIA?

Você tem algum animal em casa?

Caso tenha, como ele é? Qual é o nome dele?

Você faria o que a família de Cristina fez com a gatinha? Por quê?

Assim como a nova dona de Cici, existem muitas pessoas que amam e protegem os animais. Você conhece alguém assim?

Gostaria de desenhar abaixo seu bichinho de estimação? Ou colar uma foto dele?

Existem animais selvagens, como o leão, o elefante e a girafa, que vivem nas florestas. Estes não podem ir para nossa casa.

Os gatos e os cachorros são animais domésticos. Podem viver conosco em casa. E quanta alegria eles trazem ao nosso lar!

Cachorros e gatos não são brinquedos!
Você sabe disso: todos os animais são seres vivos criados por Deus e merecem ser amados, respeitados e protegidos.
É triste vermos nas ruas animais sofrendo fome, sede e frio. Alguns são largados porque ficam doentes, outros porque já estão velhos ou ainda porque seus donos não podem mais ficar com eles, como aconteceu com a gatinha Cici de nossa história. Até filhotes são abandonados!

Esses bichos ganham o nome de "animais de rua". Mas será que não seria mais adequado chamá-los de "animais que estão na rua"? Você sabe a diferença? Pense bem e descobrirá!

Com amor em nosso coração, sempre conseguiremos resolver situações difíceis.

Instituto Beneficente Boa Nova
Entidade coligada à Sociedade Espírita Boa Nova
Av. Porto Ferreira, 1.031 | Parque Iracema
Catanduva/SP | CEP 15809-020
www.boanova.net | boanova@boanova.net
Fone: (17) 3531-4444